BEI GRIN MACHT SICH IHR WISSEN BEZAHLT

Bibliografische Information der Deutschen Nationalbibliothek:

Die Deutsche Bibliothek verzeichnet diese Publikation in der Deutschen National-bibliografie; detaillierte bibliografische Daten sind im Internet über http://dnb.d-nb.de/ abrufbar.

Impressum:

Copyright © 2019 GRIN Verlag
Druck und Bindung: Books on Demand GmbH, Norderstedt Germany
ISBN: 9783346136480

Dieses Buch bei GRIN:

https://www.grin.com/document/520068

Torben Voskuhl

Datenmanagement, Datensicherung und Archivierung von Daten in einer Fallstudie

GRIN Verlag

GRIN - Your knowledge has value

Der GRIN Verlag publiziert seit 1998 wissenschaftliche Arbeiten von Studenten, Hochschullehrern und anderen Akademikern als eBook und gedrucktes Buch. Die Verlagswebsite www.grin.com ist die ideale Plattform zur Veröffentlichung von Hausarbeiten, Abschlussarbeiten, wissenschaftlichen Aufsätzen, Dissertationen und Fachbüchern.

Besuchen Sie uns im Internet:

http://www.grin.com/

http://www.facebook.com/grincom

http://www.twitter.com/grin_com

Datenmanagement

Assignment im Modul Informationsmanagement IMG40

Torben Voskuhl

Inhaltsverzeichnis

Abbildungsverzeichnis

Tabellenverzeichnis

1. Einleitung

Die Informationsgewinnung durch die Vorhaltung und den Besitz von Daten ist seit unzähligen Jahren von hoher Bedeutung. Doch insbesondere in der Zeit der Digitalisierung findet ein starker Wandel dieser Datenhaltung beziehungsweise dem sogenannten Datenmanagement statt. Nahezu täglich hört man Begriffe wie „Digitalisierung", „Industrie 4.0" und „Künstliche Intelligenz". Diese Begriffe lassen sich nur durch eine Unmenge an digitalen Daten weitertreiben. Für die Unternehmen hat der Besitz der Daten und das damit verbundene Wissen einen sehr hohen, unter anderem auch finanziellen, Stellenwert. Um auch in der aktuellen Zeit dieses Knowhow nicht zu verlieren, ist die Sicherung der Daten sowie die Archivierung unerlässlich.

1.1. Ziel der Arbeit

Daten werden zunehmend digital gespeichert. Das Ziel der Arbeit ist es, ein Konzept für Datenmanagement, Datensicherung und Archivierung von Daten in einer fiktiven Fallstudie darzustellen. Um dieses Ziel zu erreichen werden zunächst die Begriffe Datenmanagement, Datensicherung und Archivierung geklärt. Die Begrifflichkeiten Datensicherheit und Datenschutz werden von der breiten Bevölkerung oft einheitlich verwendet. Obwohl diese stark zusammen und von einander abhängen, gibt es wesentliche Unterschiede zwischen ihnen. Diese Unterschiede werden eingangs besprochen. Aufgrund der Zusammenhänge wird im Verlauf der Arbeit mehrmals neben der Datensicherheit auch das Thema Datenschutz mit erwähnt. Des Weiteren sollen verschiedene Medien zur Datensicherung und Archivierung von verschiedenen Seiten aus beleuchtet, sowie deren Vor- und Nachteile aufgezeigt werden. Zum Abschluss der Arbeit erfolgt eine Zusammenfassung über die wichtigsten Aussagen dieser Arbeit.

2. Grundlagen

2.1. Datenschutz und Datensicherheit

Wie eingangs bereits erwähnt, sind die Begriffe Datenschutz und Datensicherheit ähnlich und werden oft synonym verwendet. Diese müssen jedoch unterschieden werden. Der Datenschutz befasst sich, wie aus dem Wort leicht abzuleiten, mit dem Schutz von Daten. Hierbei geht es insbesondere um den Schutz von personenbezogenen Daten, wie z.B.

Name, Anschrift, Religion, etc. Der Datenschutz ist durch entsprechende Datenschutzgesetze der Länder sowie der Europäischen Datenschutzgrundverordnung (kurz: EU-DSGVO) geregelt. Bei der Datensicherheit hingegen steht die Sicherheit aller Daten im Vordergrund. Zu nennen ist hier z.B. der Schutz vor Verlust oder Manipulation. Durch technische und organisatorische Maßnahmen soll die Datensicherheit gewährleistet sein[1]. Um diese Maßnahmen soll es im Folgenden überwiegend gehen.

2.2. Datenmanagement

Das Datenmanagement befasst sich im Allgemeinen mit dem Umgang von Daten. Die Aufgabe des Datenmanagements ist es, durch technische und organisatorische Maßnahmen den maximalen Nutzungsgrad der Daten zu erreichen und somit diese in hoher Qualität zur Verfügung zu stellen. Ein Datenmanagement ist die Voraussetzung für ein gutes Informationsmanagement[2].

2.3. Datensicherung

Unter dem Begriff Datensicherung versteht man das Sichern von Daten, sodass diese im Fall eines Datenverlustes wiederhergestellt werden können. Diese ist allerdings mit Aufwand verbunden. Oft werden die Sicherungen von Unternehmen über lange Zeit hinweg nicht benötigt, da kein Datenverlust eintritt. Da ein Datenverlust jedoch jederzeit eintreten kann und einen hohen wirtschaftlichen Schaden für Unternehmen zur Folge hat, darf die Datensicherung aber nicht vernachlässigt werden[3].

2.4. Archivierung

Unter Archivierung versteht man die dauerhafte geordnete Speicherung von Daten. Die Daten sind in diesem Fall unveränderbar und werden nicht mehr im täglichen Gebrauch genutzt. Häufig werden Daten zur Nachweisbarkeit archiviert[4].

---

[1] Vgl. Bühler, P.; Schlaich, P.; Sinner,D., Datenmanagement, 2019, S.80 ff

[2] Vgl. Szabo, O., Informationsmanagement, S.5

[3] Vgl. Lenhard, T.H., Datensicherheit, 2017, S.65 ff

[4] Vgl. Reiss, M., Dokumentationsmanagement, 2018, S.82

3. Nutzen und Aufwand von Datenmanagement, Datensicherung und Archivierung

Das Zitat „Data is the new oil" von Clive Humby aus dem Jahre 2006 liest und hört man regelmäßig. Dieses Zitat beschreibt die Wichtigkeit von Daten im aktuellen Zeitalter recht gut. Die folgende Abbildung zeigt den rasanten Anstieg der letzten Jahre im Bereich des Datenwachstums in Deutschland. Das Schaubild zeigt, dass sich in den fünf Jahren von 2012 bis 2017 die Datenmenge von ca. 100 Exabyte auf knapp 500 Exabyte fast verfünffacht hat. Mit jedem Jahr nahm das Wachstum der Datenmenge zu, von 2016 auf 2017 waren dies zuletzt schon mehr als 100 Exabyte.

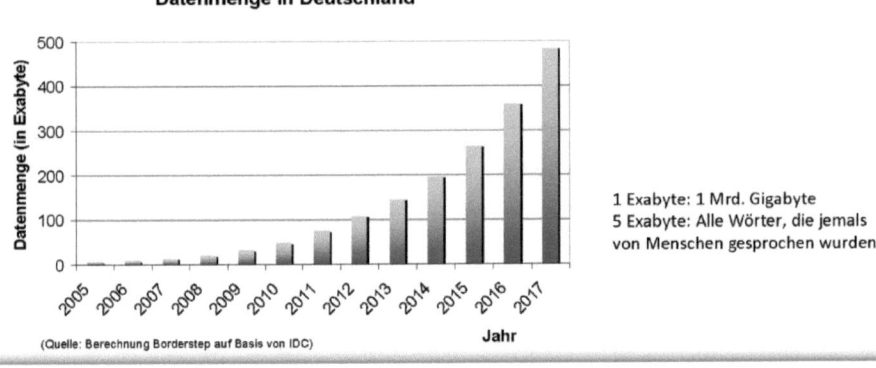

Abbildung 1: Datenwachstum in Deutschland; Quelle IDC[5]

Aufgrund der steigenden Datenflut ist es unerlässlich, sich mit dem Thema des Datenmanagements auseinanderzusetzten. Doch welchen Nutzen und welchen Aufwand haben Unternehmen hierdurch?

Entscheidend ist nicht die Menge der Daten, sondern deren Qualität. Hierbei liegt eine der heutigen Schwierigkeiten. Unter der riesigen Menge an Daten müssen die Wichtigsten herausgefiltert werden. Eine Erhebung von Commvault ergab, dass in

---

[5] Vgl. Abb. https://www.datacenter-insider.de/index.cfm?pid=10697&pk=943018&type=article&fk=509710

Unternehmen nur ca. 25-30 Prozent der Daten aktiv genutzt werden[6]. Um die Daten zu filtern und somit die Verarbeitung von qualitativ hochwertigen Daten zu gewährleisten, entsteht ein Aufwand. Bei den enorm ansteigenden Datenmengen steigt dieser Aufwand ebenfalls stark an. Für Software zur Verwaltung des Datenmanagements sowie für das Personal, welche für die Verwaltung der Daten eingesetzt wird, entstehen nicht unerhebliche Kosten für Unternehmen. Dem gegenüber stehen verschiedene Nutzen. Daten können durch ein gutes Datenmanagement leichter aufgefunden werden, was die Zusammenarbeit im Unternehmen verbessert. Als Folge lässt sich damit die Produktivität steigern. Die Gefahr, dass Daten verloren gehen, da sie nicht wiedergefunden werden, wird vermieden. Für Unternehmen entsteht ein deutliches Potential an Kosteneinsparungen.

Durch das schnelle Wachstum der Daten steigt auch der notwenige Speicherbedarf. Das E-3 Magazin spricht von einer durchschnittlichen jährlichen Zunahme der Daten in Höhe von 32,5 Prozent. Durch ein effektives Datenmanagement lässt sich die Zunahme um bis zu 60 Prozent reduzieren[7]. Hierdurch spart man einiges an Speicherkapazitäten.

Im Bereich der Datensicherung entstehen weitere Kosten durch zusätzlich benötigte Speicherkapazitäten. Wenn man den Kosten einen totalen Datenverlust gegenüberstellt, lässt sich jedoch leicht erkennen, dass eine Sicherung unerlässlich ist. In welchem Ausmaß diese nötig ist, hängt von der Art der Daten ab. Kritische Daten oder Daten mit einem hohen Mehrwert für das Unternehmen sollten täglich mehrfach gesichert werden, wohingegen Unwichtigere nicht täglich neu gesichert werden müssen.

Bei der Archivierung der Daten werden diese so abgelegt, dass sie nicht mehr veränderbar sind. Nach einmaliger Archivierung ist der Aufwand neben dem benötigten Speicherplatz gering, da die Daten meistens nur zu Nachweiszwecken archiviert werden. Eine weitere Verarbeitung ist hiermit in der Regel nicht notwendig. Archivierte Daten sollten strukturiert abgelegt werden, um so die Datenmenge des täglich laufenden Betriebs zu vermindern.

---

[6] Vgl. Romanski, R., Digitale Vernetzung, 2018, S. 56 f
[7] Vgl. Gundlich, F., Datenmanagement, 2018

Zusammenfassend lässt sich sagen, dass ein hoher, insbesondere finanzieller, Aufwand besteht. Demgegenüber stehen jedoch ein hohes Einsparpotential sowie die Minimierung der Gefahr von Datenverlusten. Daher sollten im Unternehmen ein effizientes Datenmanagement, eine Sicherung der Daten sowie die Archivierung nicht vernachlässigt werden.

4. Datensicherungsmedien

Für die Speicherung von digitalen Daten stehen unterschiedliche Medien zur Verfügung. Welches Medium in welchem Bereich seinen Vorteil oder Nachteil hat, wird im Folgenden dargestellt. Der Fokus liegt jeweils auf den Kosten für die Langzeitarchivierung, der Geschwindigkeit der Erstellung und dem räumlichen Volumen für die Archivierung. Jedes Speichermedium, das auf dem Markt existiert, aufzuführen, ist nicht zielführend. Die Wesentlichen werden im Folgenden besprochen.

4.1. USB-Stick

Jeder kennt sie, die meist kleinen und leicht zu transportierenden USB-Sticks.

Abbildung 2: USB-Sticks[8]

Ohne zusätzliche Stromversorgung können sie direkt am PC angeschlossen und die Datenübertragung gestartet werden. Die Daten können mehrfach neu überschrieben werden. Ein Sturz hat in der Regel keinen Datenverlust zur Folge, USB-Sticks sind sehr robust. Mit einer Speichergröße von bis zu 256 GB (Gigabyte) kann man heutzutage auch mit einem USB-Stick große Datenmengen transportieren. Durch USB 3.0 können Daten mittlerweile mit einer Geschwindigkeit von theoretisch bis zu 600 MB/s (praktisch ca. 450

---

[8] Vgl. Abb. https://www.techfacts.de/ratgeber/was-ist-ein-usb-stick

MB/s) übertragen werden[9]. Der Preis pro GB beträgt im Schnitt ca. 44 Cent[10]. Für die Langzeitspeicherung sind sie allerdings nicht geeignet, da die Funktionsfähigkeit von über sieben Jahren nicht gewährleistet werden kann und somit die Gefahr eines Datenverlustes besteht. Oftmals wird über einen USB-Stick schädliche Software transportiert, welche möglichst viele PCs infizieren soll. Daher ist ihre Nutzung in Unternehmen häufig verboten. Um die richtigen Daten leicht auffindbar zu machen, sollten USB-Sticks geordnet und wiederauffindbar gelagert werden. Wichtig ist die Lagerung ohne größere Temperaturschwankungen und in einem von Staub und Schmutz geschützten Bereich. Auf Grund der Größe der Sticks eignen sich kleinere Taschen hierfür besonders gut.

Vorteile	Nachteile
Schnelle Datenübertragung	Geringe Lebensdauer
Robust	In Unternehmen oft verboten

Tabelle 1: Vor- und Nachteile USB-Stick

4.2. Externe Festplatte

Externe HDD-Festplatten gehören zu den magnetischen Speichern. Aufgrund der aktuell noch geringeren Anzahl und der hohen Kosten von SSD-Festplatten finden diese hier keine weitere Beachtung. Wie die USB-Sticks können externe Festplatten teilweise ohne Stromanschluss direkt mit dem PC verbunden werden. Einige Festplatten benötigen jedoch einen zusätzlichen Stromanschluss. Mit maximalen Speicherkapazitäten von aktuell 16 TB (Terabyte)[11] können große Mengen an Daten abgelegt werden. Zur Erhöhung der Datensicherheit kann mittels mehrerer externer Festplatten ein RAID-Verbund errichtet werden. Mit einer Größe von bis zu 3,5 Zoll nehmen sie nur wenig Platz in Anspruch. Für im Schnitt ca. 5 Cent pro GB Speicherkapazität sind externe Festplatten erhältlich[12]. Trotz einer hohen Speicherkapazität sind sie, ähnlich wie USB-Sticks, nicht zur Langzeitarchivierung geeignet, da auch externe Festplatten etwa alle sieben Jahre

---

[9] Vgl. Elektronik-Kompendium.de, USB 3.0, 2019

[10] Vgl. Usp-forum.de, Speicherplatz, 2017

[11] Vgl. Hardwareschotte.de, externe Festplatten, 2019

[12] Vgl. Usp-forum.de, Speicherplatz, 2017

ausgetauscht werden sollen. Externe Festplatten, welche über USB 3.0 an den PC angeschlossen werden erreichen dieselben Übertragungsgeschwindigkeiten wie USB-Sticks mit USB 3.0. Festplatten sollten in einer trockenen und temperaturkonstanten Umgebung gelagert werden. Beim Transport sind Erschütterungen und Stöße zu vermeiden, da sonst schnell Schäden, mit der Folge von Datenverlusten, entstehen könnten.

Vorteile	Nachteile
Kostengünstig	Anfällig für Beschädigungen
Große Speicherkapazität	Geringe Lebensdauer

Tabelle 2: Vor- und Nachteile externer Festplatten

4.3. Magnetische Bänder

Magnetischen Bändern wird seit längerem das Aussterben vorhergesagt. Dennoch finden sie weiterhin Anwendung in der Archivierung. Magnetbänder besitzen eine hohe

Abbildung 3: Archivierung von Magnetbändern[13]

Zuverlässigkeit und haben eine lange Lebensdauer. Die Schreibrate ist mit bis zu 280 MB/s ähnlich schnell wie bei anderen Medien. Der Zugriff auf die Daten kann jedoch im Minutenbereich liegen, da erst an die gewünschte Stelle des Magnetbands gespult werden muss und bedarf somit deutlich mehr Zeit als bei andere Speichermedien, wie z.B. den externen Festplatten. Daher werden magnetische Bänder weniger für Backups, sondern vermehrt für die Datenarchivierung eingesetzt. Für die Nutzung von magnetischen Bändern bei der Archivierung entstehen nur geringe Energiekosten. Die Kosten pro GB, welche bei knapp über 1 Cent beginnen, machen Magnetbänder

---

[13] Vgl. Abb. https://www.lanline.de/magnetband-festplatte-oder-cloud-html/

besonders attraktiv[14]. Theoretisch können bis zu maximal 185 TB pro Magnetband gespeichert werden[15]. Für den Umgang mit Bändern ist spezielle Software und Hardware notwendig, weshalb die Form der Speicherung in privaten Haushalten nahezu keine Anwendung mehr findet. Magnetische Bänder sollten geschützt von magnetischen Feldern, Schmutz und Staub sowie ohne größere Temperaturschwankungen gelagert werden. Ansonsten besteht die Gefahr von Datenverlusten.

Vorteile	Nachteile
Langlebig	Lange Zugriffszeiten
Kostengünstig	Aufwändige Soft- und Hardware

Tabelle 3: Vor- und Nachteile magnetischer Bänder

4.4. DVD

Die DVD gehört in die Klasse der optischen Datenträger. Die Lebensdauer ist mit etwa 30 Jahren, im Vergleich zu anderen Datensicherungsmedien wie externen Festplatten, ziemlich hoch. Um die Lebensdauer zu gewährleisten, sollten DVDs geschützt vor Licht und Feuchtigkeit gelagert werden. Große Temperaturunterschiede sowie Kratzer auf der DVD selbst sollten unbedingt vermieden werden. Die Lebensdauer hängt stark von den Lagerbedingungen ab. Die übliche Speicherkapazität liegt bei 4,7 GB pro Rohling. Selten finden DVDs mit einer Speicherkapazität von 17 GB Anwendung. Eine DVD ist zwar recht flach, dennoch ist der Platzbedarf im Vergleich zu einer Festplatte oder einem USB-Stick deutlich höher. Mit einer Datenübertragungsrate von theoretisch 13,5 MB/s ist sie im Vergleich zu Datenträger über USB deutlich langsamer[16]. Der Preis pro GB liegt von 7 Cent bis 27 Cent[17]. Die Preisunterschiede hängen davon ab, ob die DVD nur einmal oder mehrmals beschrieben werden kann.

---

[14] Vgl. Elektronik-kompendium.de, Bandlaufwerke, 2019

[15] Vgl. Link, A., 185 Terabyte, 2014

[16] Vgl. Pc-welt.de, DVD-Laufwerk, 2004

[17] Vgl. Usp-forum.de, Speicherplatz, 2017

Vorteile	Nachteile
Langlebig	Geringe Speichergrößen
Leicht zu erstellen	Langsame Datenübertragung

Tabelle 4: Vor- und Nachteile DVD

4.5. Cloud

Die Speicherung von Daten in der Cloud gewinnt immer mehr an Beliebtheit. Man mietet den Speicherplatz „in der Wolke", den man benötigt, und muss nicht mehr selbst nach der entsprechenden Hardware schauen. Ebenfalls benötigt man kein räumliches Volumen für die Daten, dies übernimmt der entsprechende Cloud Anbieter. Doch oftmals weiß man gar nicht, wo genau die Daten überhaupt abgelegt sind. Und da das Datenschutzgesetz nicht in jedem Land gleich ist, können hier sehr schnell gravierende Probleme entstehen. Um den Datenschutz zu wahren, sollte sichergestellt werden, dass Daten nur über eine sichere und verschlüsselte Verbindung übertragen werden. Zusätzlich sollte der Provider seinen Sitz in Europa haben, sodass die EU-DSGVO Anwendung auf die Daten findet. Sowohl die Speicherung in der Cloud als auch die lokale Datensicherung haben ihre Vor- und Nachteile. Ein Vorteil der Cloud Lösung besteht darin, dass auf die Daten von überall ein Zugriff möglich ist. Allerdings ergibt sich daraus auch ein Nachteil. Man benötigt immer eine Verbindung zum Internet. Daten in einer Cloud können theoretisch unendlich lange gespeichert werden, jedoch muss berücksichtigt werden, dass z.B. monatlich Datenmengenbezogen Gebühren anfallen. Je nach Anbieter bestehen unterschiedliche Preise. Als Beispiel sei Amazon mit der Speicherung der Daten innerhalb der EU mit 2 Cent pro GB je Monat ab einer Menge von 500 TB genannt[18]. Verschiedenste Zusatzangebote zu reinen Speichermöglichkeiten können hinzu gebucht werden.

Vorteile	Nachteile
Keine Hardware notwendig	Fortlaufende Kosten
Mit Internet Zugriff von überall möglich	Sicherheitsprobleme

Tabelle 5: Vor- und Nachteile Cloud

---

[18] Vgl. Amazon.com, Preise, 2019

4.6. Übersicht

	Kosten pro GB	Daten-übertragung	räumliches Volumen/GB	Maximale Datengröße	Lebensdauer
USB Stick	44 Cent	450 MB/s	Gering	256 GB	7-10 Jahre
Externe Festplatte	5 Cent	450 MB/s	Gering	16 TB	7-10 Jahre
Magnetische Bänder	1 Cent	Schreiben: 280 MB/s Lesen: Minuten	Gering	185 TB	30 Jahre
DVD	7-27 Cent	13,5 MB/s	Mittel	17 GB	30 Jahre
Cloud	2 Cent/Monat	Provider abhängig	Kein	Theoretisch unendlich	Theoretisch unendlich

Tabelle 6: Vergleich Datensicherungsmedien

5. Datenmanagement Konzept

5.1. Ausgangssituation

Der Händler MedTech (frei erfunden) vertreibt Medizinprodukte verschiedener Hersteller. Neben dem Vertrieb gehören auch die Wartung sowie das Durchführen kleinerer Reparaturen zu den Aufgaben der Firma. Kunden sind unter anderem Krankenhäuser, Arztpraxen, Rettungsdienste sowie diverse Hilfsorganisationen im näheren Umkreis. MedTech wurde 2013 gegründet und hatte anfangs nur Arztpraxen als Kunden. Aufgrund der Zufriedenheit der Kunden ist die Zielgruppe schnell angewachsen. Der Händler mit anfänglich drei Beschäftigten hat mittlerweile zehn Mitarbeiter. Aufgrund des ursprünglich kleinen Kundenkreises wurden die Daten in Papierform gelagert und verarbeitet. Der Geschäftsführer Herr Maier möchte aufgrund des zunehmenden „Papierchaos" eine digitale Verarbeitung der Daten. Bedingt durch rechtliche Anforderung an die Nachweisbarkeit von Geräteüberprüfungen muss eine Archivierung der Daten für mindestens 15 Jahre sichergestellt werden. Die Verarbeitung und Ablage von digitalen Daten laufen bisher auf einem zentralen Server in den Geschäftsräumen.

5.2. Problemlösung

Zur Verarbeitung der Kundendaten sowie der Daten der Hersteller soll eine Standardsoftware eingeführt werden. Mit Hilfe dieser werden die Daten in einer Datenbank gespeichert. Die verkauften Medizinprodukte werden ebenfalls in der Datenbank abgelegt und können durch eindeutige IDs so direkt den Kunden- und Herstellerdaten zugeordnet werden.

Dokumente wie z.B. Rechnungen oder Prüfprotokolle der Medizinprodukte werden in einer Ordnerstruktur nach Jahreszahlen sortiert abgelegt. Um die Auffindbarkeit zu erhöhen, werden die Dokumente nach einem einheitlichen Vorgehen abgespeichert, z.B. die Rechnungen unter den Rechnungsnummern. Die eindeutige Rechnungsnummer kann dem entsprechenden Kunden in der Datenbank zugeordnet werden.

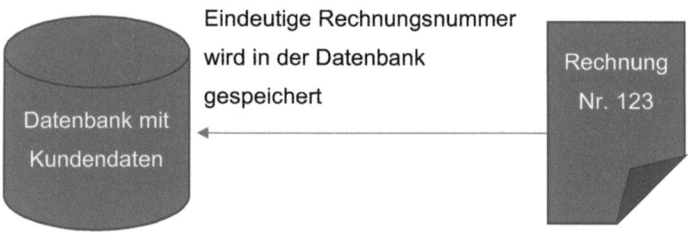

Analog dazu werden weitere Dokumente, wie z.B. die Prüfprotokolle, der Datenbank zugeordnet.

Um den Zugriff aller Mitarbeiter auf die Datenbank sowie zu weiteren Dokumenten sicherzustellen, werden die Daten weiterhin zentral auf dem Server abgelegt. Damit die Daten vor Verlust geschützt sind, erfolgt zum Ende jeder Woche eine Vollsicherung sowie täglich ein inkrementelles Backup. Durchgeführt wird dieses Backup auf zwei externen Festplatten, welche in einem RAID 1 Verbund sind. Die Kosten für diese Form der Datensicherung sind zwar höher als die Daten in der Cloud zu speichern, jedoch fallen die Sicherheitsbedenken beim Cloud-Anbieter weg. Um die Gefahr des Datenverlustes durch den Ausfall einer Festplatte zu verhindern, wird diese durch RAID 1 auf einer zweiten Festplatte gespiegelt. Trotz einer Datensicherung besteht die Gefahr eines vollständigen Datenverlustes, z.B. durch einen Brand der Unternehmensräume. Um die

Gefahr zu minimieren, werden die Datensicherungen in einem anderen Gebäude und in einem besonders geschützten Raum gelagert.

Da, wie bereits erwähnt, die Dokumente der Medizinprodukteprüfung aus rechtlichen Gründen für mindestens 15 Jahre aufbewahrt werden müssen, werden diese Daten archiviert. Zur Archivierung werden Magnetbänder verwendet, um große Mengen an Daten kostengünstig ablegen zu können. Da die Nachweise der Prüfung in der Regel nur äußerst selten benötigt werden, kann die langsame Lesezeit der magnetischen Bänder vernachlässigt werden. Mit einer Haltbarkeit von 30 Jahren oder länger ist der Aufbewahrungspflicht Genüge getan. Die Lagerung der magnetischen Bänder erfolgt in einem beschrifteten feuerfesten Schrank, welcher Schutz vor Licht und magnetischer Strahlung bietet. Kundendaten werden mit Hinblick auf den Datenschutz nicht archiviert. Nach Beendigung des Zwecks der Aufbewahrung von personenbezogenen Daten werden diese unverzüglich gelöscht.

Eine Datensicherung sowie Archivierung über die Cloud kommt für das Unternehmen nicht in Betracht, da der Schutz der Daten nicht gefährdet werden soll.

6. Zusammenfassung

Zusammenfassend lässt sich sagen, dass sowohl für die Datensicherung als auch die Archivierung sich verschiedene Medien eignen. Jedes Medium hat seine Vor- und Nachteile. Besondere Merkmale, denen Beachtung geschenkt werden soll sind der Preis pro GB, das räumliche Volumen, welches für den Datenspeicher benötigt wird, sowie die Geschwindigkeit der Erstellung. Das aktuelle Medium der Cloud bringt viele Vorteile. Allerdings sollte die Nutzung der Cloud sehr stark abgewogen werden. Der Schutz der Daten ist bei der Cloud-Lösung oft nicht gegeben, weshalb die Speicherung auf einem eigenen Medium trotz höherer Kosten bevorzugt werden sollte. Selbst ältere Techniken wie die magnetischen Bänder haben in der heutigen Zeit ihre Daseinsberechtigung bei der Datenarchivierung. Die Arbeit sowie das Fallbeispiel zeigen, dass ganz unterschiedliche Möglichkeiten zur Realisierung des Datenmanagements zur Verfügung stehen. Jeder Nutzer muss individuell für sich die Vor- und Nachteile der unterschiedlichen Möglichkeiten für sich abwägen.

7. Literaturverzeichnis

Bühler, P.; Schlaich, P.; Sinner, D. (2019)
Datenmanagement, Daten-Datenbanken-Datensicherheit, Heidelberg.

Lenhard, T.H. (2017)
Datensicherheit, Technische und organisatorische Schutzmaßahmen gegen Datenverlust und Computerkriminalität, Wiesbaden.

Reiss, M. (2018)
Dokumentationsmanagement – Basis für IT Governance, 11 Schritte zur IT-Dokumentation, Wiesbaden.

Szabo, O.
Informationsmanagement, Informationsmanagement im Unternehmen | IMG101

Artikel aus Zeitschrift:

Romanski, R. (2018)
Digitale Vernetzung, in: Digitale Welt, Jahrgang 2018, Nr. 3 S. 56-57

Artikel aus dem Internet, Abruf zuletzt am 17.08.2019:

Gundlich, F. (2018)
Datenmanagement – Lästige Pflicht oder lohnenswerte Investition?, URL:
https://e-3.de/2018/09/18/datenmanagement-laestige-pflicht-oder-lohnenswerte-investition/

Elektronik-kompendium.de (2019)
USB 3.0 / 3.1 / 3.2 / SuperSpeed-USB, URL:
https://www.elektronik-kompendium.de/sites/com/1310061.htm

Elektronik-kompendium.de (2019)
Streamer / **Bandlaufwerke**, URL:
https://www.elektronik-kompendium.de/sites/com/1312141.htm

Hardwareschotte.de (2019)

Externe Festplatten, URL:

https://www.hardwareschotte.de/externe-festplatten

Link, A. (2014)

185 Terabyte: Sony quetscht 148 Gigabit auf ein Quadratzoll, URL:

https://www.pcgameshardware.de/Laufwerk-Hardware-154124/News/185-Terabyte-
Sony-quetscht-148-Gigabit-auf-ein-Quadratzoll-1119868/

Pcwelt.de (2004)

Kaufberatung: **DVD-Laufwerk**, URL:

https://www.pcwelt.de/ratgeber/Kaufberatung-DVD-Laufwerk-501454.html

Usp-forum.de (2017)

Speicherplatz: So viel kostet ein Gigabyte bei Cloud, Festplatte, Blu Ray und Co.,
URL:

https://www.usp-forum.de/threads/speicherplatz-so-viel-kostet-ein-gigabyte-bei-cloud-
festplatte-blu-ray-und-co.127731/

Amazon (2019)

Amazon S3 – **Preise**, URL:

https://aws.amazon.com/de/s3/pricing/

BEI GRIN MACHT SICH IHR WISSEN BEZAHLT

- Wir veröffentlichen Ihre Hausarbeit,
  Bachelor- und Masterarbeit

- Ihr eigenes eBook und Buch -
  weltweit in allen wichtigen Shops

- Verdienen Sie an jedem Verkauf

Jetzt bei www.GRIN.com hochladen und kostenlos publizieren